AF313337

18 Décembre 1884.

CATALOGUE

D'UNE

COLLECTION

DE

BAGUES, BIJOUX, CAMÉES, INTAILLES
SCARABÉES, ETC.

MÉDAILLES
ARTISTIQUES, PLAQUETTES, BAISERS DE PAIX

BRONZES
GRECS, ROMAINS & DE LA RENAISSANCE

TERRES CUITES DE TANAGRA, ETC.

OBJETS DE CURIOSITÉ
EN BUIS, NACRE, ETC.

EMAUX
DE LIMOGES ET BYSANTINS
OBJETS DIVERS

PROVENANT DE LA COLLECTION DE

M. Théodore STROOBANTS, DE Bruxelles

DONT LA VENTE AURA LIEU AUX ENCHÈRES PUBLIQUES

Le Jeudi 18 *Décembre* 1884, *à* 1 *heure* 1/2 *précise*

HOTEL DES COMMISSAIRES - PRISEURS
RUE DROUOT, SALLE N° 4, AU PREMIER

Par le ministère de

Me Maurice DELESTRE, commissaire-priseur, rue Drouot, 27

Assisté de MM. ROLLIN et FEUARDENT, experts, 4, rue de Louvois

Et de M. B. LASQUIN, expert, rue Laffitte, 12

CHEZ LESQUELS ON TROUVE LA PRÉSENTE NOTICE

EXPOSITION PUBLIQUE
Le mercredi 17, à 2 heures

1884

Imprimerie Alcan-Lévy, 18, passage des Deux-Sœurs

CONDITIONS DE LA VENTE

Elle sera faite expressément au comptant.

Les adjudicataires paieront cinq pour cent en sus des enchères

L'exposition mettant le public à même de se rendre compte de
l'état des objets, aucune réclamation ne sera admise
une fois l'adjudication prononcée.

Le présent catalogue ayant été rédigé à la hâte par le proprié-
taire de la collection, nous nous réservons de faire, s'il y a lieu,
les rectifications nécessaires au moment de la vente.

CATALOGUE

D'UNE

COLLECTION

DE

BAGUES, BIJOUX, CAMÉES, INTAILLES
SCARABÉES, ETC.

MÉDAILLES

ARTISTIQUES, PLAQUETTES, BAISERS DE PAIX

BRONZES

GRECS, ROMAINS & DE LA RENAISSANCE

TERRES CUITES DE TANAGRA, ETC.

OBJETS DE CURIOSITÉ
EN BUIS, NACRE, ETC.

EMAUX
DE LIMOGES ET BYSANTINS
OBJETS DIVERS

PROVENANT DE LA COLLECTION DE

M. Théodore STROOBANTS, de Bruxelles

DONT LA VENTE AURA LIEU AUX ENCHÈRES PUBLIQUES

Le Jeudi 18 *Décembre* 1884, *à* 1 *heure* 1/2 *précise*

HOTEL DES COMMISSAIRES-PRISEURS

RUE DROUOT, SALLE N° 4, AU PREMIER

Par le ministère de

Me Maurice DELESTRE, commissaire-priseur, rue Drouot, 27

Assisté de MM. ROLLIN et FEUARDENT, experts, 4, rue de Louvois

Et de M. B. LASQUIN, expert, rue Laffitte, 12

CHEZ LESQUELS ON TROUVE LA PRÉSENTE NOTICE

EXPOSITION PUBLIQUE
Le mercredi 17 à 2 heures

1884

CONDITIONS DE LA VENTE

Elle sera faite expressément au comptant.

Les adjudicataires paieront cinq pour cent en sus des enchères

L'exposition mettant le public à même de se rendre compte de
l'état des objets, aucune réclamation ne sera admise
une fois l'adjudication prononcée.

Le présent catalogue ayant été rédigé à la hâte par le proprié-
taire de la collection, nous nous réservons de faire, s'il y a lieu,
les rectifications nécessaires au moment de la vente.

Bagues, Bijoux, Camées

INTAILLES

Scarabées et terres cuites

1. 1 Bague avec intaille « Nicolo ».   OR

2. 1   id.   pâte antique   OR

3. 1   id.   camée vert   OR

4. 1   id.   intaille grecque   OR

5. 1   id.   cabochon turquoise   OR

6. 1 Bas-relief en terre cuite de Clodion, cadre
    Louis XVI.

7. 1 Bague en or (alliance avec 2 diamants, époque
    de Henri II.

8. 1 Bague avec intaille Sardoine antique.

9. 2 Bas-reliefs en terre cuite par Marin.

10. 1 Camée en ivoire et or émaillé.

11. 1 Bague en or, camée, nègre.

12. 1 Plaquette en bronze du XVIIe « Van Vianin »

13. 1 Bague d'évêque, en or et perles fines.

14. 1 Bague en or avec 2 portraits en nacre du
         XVIe.

15. 2 Têtes de figurines, terre cuite de Tanagra.

16. 1 Bague en or avec intaille Sardonix rubannée,
         antique.

17. 1 Bague en or avec intaille plasma, antique.

18. 1 Epingle en or avec camée, buste de femme
         XVIe.

19. 1 Bague en or avec camée « Faune ».

20. 1 Camée doublé du XVIe.

21. 1 Bague mérovingienne en or.

22. 1 Epingle en or avec intaille sur cornaline.

23. 1   id.   avec camée « Vénus ».

24. 1 Camée « Léda ».

25. 1 Intaille jaspe sanguin.

26. 1   id.   Sardoine antique.

27. 1 Bague en cuivre armorié.

28. 1 Camée coquille.

29. 3 Bagues en bronze, armoriées.

30. 1 Scarabée en ivoire.

31. 1 Grande statuette en terre cuite grecque. (Collection du duc de Litta).

32. 1 Camée en rouge antique « Faune ».

33. 1 Ecrin contenant 4 couteaux et 4 fourchettes (travail italien).

34. 4 Evangélistes en bronze gothique.

35. 1 Enseigne de chapeau du xve.

36. 1 Statuette en terre de Tanagra.

37. 1 Camée rouge antique.

38. 1 Scarabée sur Calcédoine.

39. 1 Plaquette en bronze du xvie « Dieu le Père ».

40. 1 Terre cuite grecque « Buste de Vénus ». Collection de Bammeville, n° 110.

41. 1   id.   Tanagra, jeune femme debout. Collection de Bammeville, n° 181.

42. 1 id. Tanagra, jeune garçon assis. Collection de Bammeville, n° 197.

43. 1 Bague avec intaille sardoine « tête ».

44 1 id. id. jaspe noir « 2 têtes ».

45. 1 id. id. sardoine antique « tête d'homme ».

46. 1 Intaille antique « Jupiter Ammon ».

47. 1 Plaquette en bronze du xve. 3 figures.

48. 1 Intaille. Buste de femme à gauche.

49. 1 id. id. droite.

50. 1 id. Minerve casquée, à droite.

51. 1 id. Léda. Buste à gauche.

52. 1 id. Diane. id. droite.

53. 1 Scarabée antique brun.

54. 1 Pommeau d'épée en fer du xvie.

55. 1 Bague romaine or avec scarabée sardoine.

56. 1 Intaille sardoine grecque.

57. 1 Bague or et argent, émaillée du xvie.

58. 1 Intaille sardoine. 1 figure.

59. 1   id.   Lapis antique.

60. 1 Bague gothique en cuivre.

61. 1 Bague camée or « Méduse ».

62. 1 Scarabée grec en Sardonix.

63. 1 Bague gothique en argent. « Cilius Gasa ».

64. 1   id.   camée onyx du xviᵉ.

65. 1   id.   intaille sardoine « tête d'homme ».

66. 1   id.   id.   cornaline « Vénus sortant du
bain. »

67. 1 Bijou en or émaillé.

68. 1 Bague   id   « Henri II ».

70. 1 Intaille « Satyre ».

71. 1 Bague en or et diamant du xviᵉ.

72. 1 Camée Sardonix oriental, monture en or
« Catherine de Médicis ».

Médailles artistiques

Plaquettes, Bossettes, Enseignes de chapeaux
Baisers de Paix en bronze et plomb

73. 1 Baiser de paix en bronze doré.

74. 2 Plaquettes en bronze du xvi°.

75. 1   id.   id.   id.

76. 1   id.   id.   doré du xvi°.

77. 1 Médaille en cuivre « Hutton Ulrich 1520 ».

78. 1 Plaquette en bronze xvii°.

79. 1 Baiser de paix en bronze doré du xvi°.

80. 1 Plaque en bronze du xvi°.

81. 1 Médaille en bronze du xvi°.

82. 1 Enseigne de chapeau en bronze du xv°.

83. 1 Plaquette en bronze du xvi°.

84. 1 Baiser de paix en bronze roman.

85. 3 Plaques gothiques en bronze émaillé du xvi°.

86. 1 Médaille en étain « François I°° ».

87. 1 Plaquette en bronze encadré.

88. 1 Médaille dorée « Barbérinus ».

89. 1 Plaquette en bronze doré du xvi°.

90. 1 Baiser de paix en bronze du xvi°.

91. 4 Plaquettes en bronze du xvi°.

92. 1 Baiser de paix en bronze du xvi°.

93. 1 Plaquette en bronze du xvii°.

94. 1 Médaille en bronze « Cosme de Médicis », du xvi°.

95. 1 Plaquette en bronze du xvi°.

96. 1 Enseigne de chapeau en bronze du xvi°.

97. 1 Bas-relief en bronze du xv°.

98. 1 id. rond en bronze du xv°.

99. 2 id. en étain du xvi°.

100. 1 Bague avec intaille jaspe noir.

101. 2 Intailles « Nicolo ».

102. 1 Plaquette ronde en fer « Bacchus ».

103. 1 Enseigne de chapeau en bronze du xvᵉ.

104. 1 Bague en or émaillée « Alliance xvɪᵉ ».

105. 1 Croix en or émaillée « Tête de mort » xvɪɪᵉ.

106. 1 Bague en or « Thermomètre », xvɪɪɪᵉ.

107. 1 Médaille en bronze padouane.

108. 1   id.   id.   romain « Adrien ».

109. 2 Plaquettes en bronze du xvɪᵉ.

110. 1   id.   id.   le Christ et 2 saints.

111. 1   id.   id.   du xvɪᵉ.

112. 1   id.   id.   id.

113. 1   id.   id. du xvɪɪᵉ « La Flagella-
                                    tion ».

114. 1   id.   id.   du xvɪɪᵉ.

115. 1 Plaque ronde en bronze.

116. 1 Médaille en bronze du xve.

117. 1 Plaquette   id.   du xvie.

118. 1   id.   id.   « Cheval et 2 figures ».

119. 1   id.   id.   du xve « Bacchanale ».
                              Coll. Hiss de la Sale.

120. 1   id.   en plomb, de M. Albert Durer.

121. 1   id.   en bronze du xvie.

122. 1 Plaquette en argent. Bas-relief par Jean
          Goujon.

123. 1 Bossette en bronze doré du xvie.

124. 1 Pommeau de canne en fer du xviie.

125. 1 Médaille en bronze uniface « Ferdinand Ier de
          Médicis ».

126. 1   id.   id.   « Politeus, archevêque de
          Bologne. »

127. 1   id.   id.   « Johannès Aloisius ».

128. 1   id.   id.   « Baldvinus di Monti »,
          Cavino.

129. 1   id.   id.   « Dulcius » Padoue 1539.

130. 1   id.   id.   « Johannès Valletti »
                           1494-1568.

131. 1   id.   id.   « Bandinus » 1600.

132. 1   id.   id.   « Divus Petrus Aretinus»

133. 1   id.   id.   « Balthazar Castiglione ».

134. 1   id.   id.   « F. J. de Valletti ».

135. 1 Médaille Tiberius Decanvs, bronze.

136. 1 Médaille bronze « J. F. Gonzague Pisannello ».

137. 1 Plaquette du xvie « Le Jugement de Pâris »,
         bronze.

138. 1 Bossette du xve, bronze.

140. 1 « Fibule », bronze romain.

142. 1 Plaquette en bronze, xvie.

143. 1 Plaquette ronde bronze doré du xvi° « Sainte-
         Catherine ».

144. 1 Pommeau de canne artistique Louis XIV,
         en argent.

145. 1 Couteau du xvie, manche en argent gravé par
         Th^{re} de Bry.

Objets divers

146. 1 Cadre en bronze doré à double face.

147. 1   —   —

148. 1 Marteau de porte en bronze Italien du xvɪᵉ.

148ᵇ 2 Mascarons en bronze doré du xvɪɪᵉ.

149. 1 Bas-relief en bronze doré du xvɪᵉ.

149ᵇ 1 Vénus couchée en bronze doré du xvɪɪɪᵉ.

150. 1 Cadre en bronze du xvɪᵉ.

151. 1   —   —   —

152. 2 Pieds de Reliquaire en bronze doré du xvɪᵉ.

153. 1 Plaque en fer repoussé du xvɪɪᵉ.

154. 1 Coffret en fer, damasquiné or et argent
          du xvɪᵉ.

155. 1 Casque en fer doré du xvɪɪᵉ.

156. 1 Buste du Pape Grégoire XIII, en bronze
          du xvɪɪᵉ.

157 2 Chimères ailées en bronze doré du xvɪᵉ.

158. 1 Buire en bronze du xvi⁰.

159. 1 Montrance gothique en bronze doré du xv⁰.

160. 1 Encensoir roman en bronze doré du xiii⁰.

161. 4 Plaques rondes en bronze doré du xv⁰.

162. 1 Crosse d'évêque, Br. Byzantin du xiii⁰.

163. 1 Cartouchière en fer et ivoire gravé du xvi⁰.

164. 1 Amorçoir en fer du xvii⁰.

165. 1 Fragment de Reliquaire gothique bronze,
       du xv⁰.

166. 1 Saint-Georges, fer damasquiné, sur socle
       en porphyre du xvi⁰.

167. 1 Couteau, manche en ivoire, du xvi⁰.

168. 1 Flambeau en bronze roman du xiii⁰.

169. 1 Aqua-Manilla, bronze Lion, du xv⁰.

170. 1 Email de Limoges du xvi⁰.

171. 1 Flambeau cuivre, figure, du xvii⁰.

172. 1 Statuette bronze, sur socle, du xvi .

173. 6 Plaques ovales bronze du xviii⁰.

174. 1 Plaquette Byzantine en bronze.

175. 1 Dague en fer damasquiné or et argent
du xvie.

176. 1 Nœud de calice gothique.

177. 1 Custode en cuir gauffré.

178. 1 Clef en fer forgé Louis xiii.

179. 1 Figurine en bronze du xive.

180. 1 Crosse de bâton pastoral Br. du xve.

181. 1 Plaque Byzantine « Reliure de livre ».

182. 1 Plaque ronde en émail de Limoges « Léonard
Limousin ».

183. 1 Custode en bronze du xive.

184. 1 Flambeau en bronze du xvie, « Satyre ».

185. 1 Assiette en émail de Limoges « défectucuse »

186. 4 Etriers en fer damasquiné mauresque.

187. 2 Dauphins en bronze du xvie.

188. 1 Couteau et une fourchette cuivre argenté
du xvie.

189. 1 Petite Buire en bronze, romain.

190. 1 Plaque ronde en bronze repoussé.

191. 1 Flambeau bronze du xve.

192. 1 Crosse Byzantine.

193. 1 Centaure du xve, Italien, en argent, sur socle.

194. 1 Bas-relief bronze du xvie, « Les Fils de Niobé ».

195. 1 Bas-relief bronze du xviiie.

196. 1 Coffret gothique en cuir gauffré et belle Serrure gothique en fer.

197. 1 Email rond de Limoges.

198. 1 Custode en bronze doré gothique.

199. 1 Flambeau bronze « Faune ».

200. 1 Bacchus, bronze du xviie.

201. 1 Pommeau d'épée en fer, figures en relief.

202. 1 Encrier-Boussole en bronze du xvie.

203. 1 Aumonière Louis XIII, fermoir en argent.

204. 1 Drageoire en fer repoussé Louis XIII.

205. 1 Calendrier en bronze doré du xviie.

206. 1 Calendrier en argent doré du xviie.

Objets en ivoire

Buis, nacre, etc.

Bronzes grecs et romains

---

207. 1 Urne en bronze romain, avec gouttelettes en
     Malachite.

208. 1 Mercure romain.

209. 1 Bronze romain, « Figure drapée ».

210. 1 Fragment en ivoire gothique.

211. 1 Statuette en bronze « Fragment d'une Halle-
     barde ».

212. 1 Bronze grec, « Panthère », patine noire.

213. 1 Médaille bronze romain, « Alexandre Sévère »

215. 1 Figurine en bronze romain, « Jupiter ».

216. 9 Plaquettes en or du xive, fragments d'un
     coffret.

217. 1 Tête de Bacchante. bronze grec.

218. 1 Médaille bronze romain, « Alexandre Sévère »

219. 1 — — — « Gordien ».

220. 1 — — — « Alexandre Sévère »

221. 1 Médaillon en nacre sculpté, « Saint-Georges »

222. 1 Médaille bronze romain « Philippe ».

223. 1 Pion d'échec, « Roi Charlemagne ».

224. 1 Figurine en bronze grec, « Minerve ».

225. 1 Médaille grand bronze, Lucius « Vérus ».

226. 4 Médaillons en buis, « Les animaux des quatre
Evangélistes ».

227. 1 Médaillon en nacre, « Saint-Georges et
Saint-Sébastien ».

228. 1 Bas-relief en buis du xviie.

229. 1 Reliquaire en argent, avec bas-relief en
ivoire.

230. 1 Pixide en ivoire et argent, émaillé, xve,
« Fleurs de Lys ».

231. 1 Bas-relief en ivoire rond du xviie, « manière
de **Aldegraver** ».

imprimerie Alcan-Lévy, 18, passage des Deux-Sœurs.